Georgenes Medeiros

Hacking ético
Para Iniciantes

por CC Palmer

1

Edição
Português

**Hacking ético - Para Iniciantes - 1 Edição
por CC Palmer - Tradução: Georgenes Medeiros**

Índice:

Sobre o editor

Georgenes Medeiros é Brasileiro, Formado em Administração de empresas pela Faculdade Estácio de Sá. Iniciou na área de pesquisas para edição e publicação de conteúdos digitais em 2018. O livro foi baseado na Obra de CC Palmer que escreveu este trabalho em 2001.

O editor utiliza inteligência artificial para estudos, edição e tradução de conteúdos digitais para diversas plataformas e redes sociais. Sem intenção de plagio ou copias de conteúdos originais. A quem interessar fico a disposição para auxilio e trabalhos freelancer de obras, quanto aos direito autorais da edição, fica registrado em órgãos competentes da região onde foi originado.··.

Introdução:

O explosivo crescimento da Internet trouxe muitas coisas boas: comércio eletrônico, fácil acesso a vastos depósitos de material de referência, computação colaborativa, e-mail, e novos caminhos para publicidade e distribuição de informações, para citar alguns. Como na maioria dos avanços tecnológicos, também há um lado sombrio: hackers criminosos.

Governos, empresas e cidadãos privados ao redor do mundo estão ansiosos para fazer parte dessa revolução, mas têm medo de que algum hacker invada seu servidor web e substitua seu logotipo por pornografia, leia seus e-mails, roube o número do cartão de crédito de um site de compras online ou implante software que transmitirá secretamente os segredos de sua organização para a Internet aberta. Com essas preocupações e outras, o hacker ético pode ajudar. Este artigo descreve os hackers éticos: suas habilidades, suas atitudes e como eles ajudam seus clientes a encontrar e fechar brechas de segurança. O processo de hacking ético é explicado, juntamente com muitos dos problemas que o Global Security Analysis Lab encontrou durante seus primeiros anos de hacking ético para clientes da IBM.

O processo de hacking ético envolve uma abordagem cuidadosa e sistemática para identificar e corrigir vulnerabilidades de segurança. Os hackers éticos, também conhecidos como "chapéus brancos", utilizam suas habilidades para fortalecer a segurança cibernética, agindo em conformidade com a lei e seguindo padrões éticos estritos.

Esses profissionais são especialistas em identificar potenciais pontos fracos em sistemas, redes e aplicativos. Ao realizar testes de penetração, eles simulam ataques reais para avaliar a resistência do ambiente digital.

Em vez de explorar essas vulnerabilidades para prejudicar, os hackers éticos documentam suas descobertas e fornecem orientações sobre como corrigir as falhas de segurança.

A Global Security Analysis Lab enfrentou diversos desafios ao longo dos primeiros anos de atuação no campo do hacking ético para clientes da IBM. Estes desafios incluem a constante evolução das ameaças cibernéticas, a necessidade de manter-se atualizado com as mais recentes tecnologias e técnicas de hacking, além da colaboração com empresas e organizações para criar ambientes digitais mais seguros.

À medida que a sociedade digital continua a crescer, a demanda por hackers éticos aumenta. Empresas e entidades governamentais reconhecem a importância de proteger suas informações sensíveis e garantir a integridade de suas operações online. Nesse contexto, os hackers éticos desempenham um papel vital, contribuindo para a construção de um ciberespaço mais seguro e confiável.

Os hackers éticos não apenas realizam avaliações de segurança, mas também desempenham um papel crucial na conscientização e treinamento de pessoal. Eles auxiliam na criação de políticas de segurança robustas e na implementação de práticas que visam prevenir ataques cibernéticos. Além disso, colaboram com equipes de resposta a incidentes para desenvolver estratégias eficientes de mitigação em caso de violações de segurança.

No entanto, a ética no hacking vai além das habilidades técnicas. Os hackers éticos devem operar dentro dos limites legais e éticos, garantindo que suas atividades não infrinjam a privacidade ou causem danos irreparáveis. O respeito pelos direitos e integridade das organizações é fundamental para manter a confiança e a legitimidade do papel do hacker ético na sociedade.

O papel da Global Security Analysis Lab como pioneira no campo do hacking ético destaca a importância de enfrentar os desafios constantes do cenário de ameaças em evolução. A colaboração contínua com clientes da IBM e a adaptação a novas tecnologias são cruciais para manter a eficácia na identificação e resolução de vulnerabilidades.

À medida que a tecnologia avança, a presença de hackers éticos se torna indispensável na proteção da infraestrutura digital. Esses profissionais não apenas protegem os dados e sistemas de seus clientes, mas também contribuem para um ambiente digital mais seguro e resistente a ameaças.

Além disso, o constante aprimoramento das habilidades dos hackers éticos é essencial para acompanhar as táticas em evolução dos hackers maliciosos. A educação contínua, certificações relevantes e a participação em comunidades de segurança cibernética são práticas fundamentais para garantir que esses profissionais estejam sempre à frente das ameaças emergentes.

A transparência desempenha um papel fundamental no trabalho dos hackers éticos. Ao relatar suas descobertas de maneira clara e compreensível, eles capacitam as organizações a compreender e corrigir as vulnerabilidades identificadas. A comunicação eficaz entre os hackers éticos e as partes interessadas é crucial para garantir uma resposta rápida e eficiente à medida que novas ameaças surgem.

Além disso, os hackers éticos desempenham um papel vital na promoção de uma cultura de segurança cibernética. Eles trabalham para sensibilizar as organizações e indivíduos sobre as melhores práticas de segurança, incentivando a implementação de medidas proativas para prevenir possíveis violações.

Em última análise, o trabalho dos hackers éticos é um componente crucial na construção de um ecossistema digital mais seguro e confiável. Ao enfrentar os desafios complexos do ciberespaço com integridade e ética, esses profissionais desempenham um papel essencial na proteção dos dados e na preservação da confiança na era digital em constante evolução.

Além disso, é fundamental reconhecer que o hacking ético não é apenas reativo, mas também proativo. Os hackers éticos não esperam que ocorram violações de segurança; em vez disso, eles antecipam e identificam possíveis vulnerabilidades antes que se tornem alvos de ataques maliciosos.

Essa abordagem preventiva é essencial para fortalecer a postura de segurança de uma organização e mitigar riscos potenciais.

Os hackers éticos também desempenham um papel importante na pesquisa de ameaças emergentes. Ao analisar constantemente o cenário de segurança cibernética, eles conseguem identificar novas técnicas e estratégias utilizadas por hackers mal-intencionados. Essa inteligência de ameaças é valiosa para aprimorar as defesas cibernéticas e desenvolver estratégias mais eficazes contra ataques futuros.

A colaboração entre hackers éticos e organizações é crucial para o sucesso na proteção contra ameaças cibernéticas. Essa parceria permite que as organizações compreendam melhor suas vulnerabilidades, implementem soluções eficazes e mantenham-se à frente de potenciais riscos de segurança.

Em resumo, os hackers éticos desempenham um papel multifacetado na defesa da segurança cibernética, atuando como especialistas técnicos, educadores, pesquisadores e parceiros estratégicos. Sua contribuição é essencial para garantir um ambiente digital resiliente, seguro e confiável para indivíduos e organizações em todo o mundo.

Além do aspecto técnico, a ética no hacking também envolve um compromisso contínuo com a legalidade e a conformidade.

Hackers éticos devem operar dentro dos limites estabelecidos por leis e regulamentações, garantindo que suas atividades contribuam para a segurança sem infringir direitos legais. Essa aderência a padrões éticos é essencial para manter a integridade da profissão e assegurar a confiança das organizações e da sociedade como um todo.

O compartilhamento responsável de informações é outra dimensão crítica do hacking ético. Ao descobrir e corrigir vulnerabilidades, os hackers éticos devem garantir que as informações sensíveis ou confidenciais não sejam indevidamente divulgadas. A confidencialidade é uma pedra angular da relação entre o hacker ético e a organização cliente, fortalecendo a confiança mútua.

Além disso, o treinamento contínuo é uma prática indispensável para os hackers éticos. À medida que as tecnologias evoluem, novas ameaças emergem e as estratégias dos hackers mal-intencionados se sofisticam, é crucial manter-se atualizado. Participar de cursos, conferências e colaborar com a comunidade de segurança cibernética são maneiras de aprimorar as habilidades e conhecimentos necessários para enfrentar os desafios em constante mutação do ciberespaço.

Portanto, a atuação ética e responsável dos hackers éticos é um pilar essencial na construção de uma cibersegurança robusta.

Ao equilibrar habilidades técnicas, conformidade legal, confidencialidade e aprendizado contínuo, esses profissionais desempenham um papel vital na proteção dos sistemas digitais e na promoção de um ambiente online seguro para todos.

A integração dos hackers éticos no processo de desenvolvimento de software é uma tendência crescente, conhecida como "Segurança por Design". Isso significa que, em vez de tratar a segurança como uma preocupação posterior, os hackers éticos estão cada vez mais envolvidos desde as fases iniciais do desenvolvimento. Essa abordagem proativa visa incorporar práticas seguras desde o início, reduzindo assim as potenciais vulnerabilidades e fortalecendo a resistência dos sistemas digitais.

Além disso, a ética no hacking é sustentada pela colaboração entre os profissionais de segurança cibernética. A troca de informações sobre novas ameaças, técnicas e soluções é essencial para enfrentar um cenário em constante evolução. Comunidades e fóruns online oferecem espaços para compartilhar conhecimentos, discutir melhores práticas e promover uma abordagem coletiva para fortalecer a cibersegurança global.

Os hackers éticos desempenham, ainda, um papel vital na educação pública sobre segurança cibernética.

A conscientização sobre as ameaças digitais e as medidas preventivas é crucial para capacitar usuários finais a protegerem suas informações pessoais e profissionais. Nesse contexto, os hackers éticos muitas vezes participam de iniciativas educacionais, workshops e campanhas de sensibilização.

Em suma, a prática ética no hacking não se limita apenas ao campo técnico, estendendo-se a uma abordagem holística que incorpora aspectos legais, colaborativos e educacionais. Ao fazê-lo, os hackers éticos contribuem não apenas para a segurança de sistemas específicos, mas para a construção de uma cultura digital mais segura e resiliente. Essa abordagem integrada é crucial para enfrentar os desafios cada vez mais complexos e dinâmicos do ciberespaço.

Adicionalmente, a ética no hacking também abrange a responsabilidade social dos hackers éticos. Eles têm a responsabilidade de considerar o impacto mais amplo de suas ações, buscando contribuir para um ambiente digital inclusivo e equitativo. Ao identificar e corrigir vulnerabilidades, os hackers éticos têm a oportunidade de promover a segurança digital para uma ampla gama de usuários, garantindo que todos possam se beneficiar de maneira justa e segura das tecnologias digitais.

A diversidade e inclusão no campo da segurança cibernética também são aspectos importantes. Encorajar e apoiar a participação de uma variedade de perspectivas e origens ajuda a criar soluções mais abrangentes e eficazes. Os hackers éticos desempenham um papel crucial ao promover ambientes de trabalho inclusivos e ao inspirar uma nova geração diversificada de profissionais de segurança cibernética.

Outro ponto relevante é a ética na divulgação de vulnerabilidades. Os hackers éticos precisam adotar práticas responsáveis ao reportar falhas de segurança às organizações afetadas. Comunicar de maneira adequada e fornecer tempo suficiente para a correção das vulnerabilidades é essencial para garantir que as organizações possam proteger seus sistemas de forma eficaz, antes que informações críticas se tornem públicas.

Dessa forma, a atuação ética dos hackers éticos vai além da simples aplicação de habilidades técnicas; ela incorpora uma perspectiva mais ampla, considerando o impacto social, a inclusão, a responsabilidade e a transparência. Ao adotar uma abordagem holística, esses profissionais contribuem não apenas para a segurança digital, mas também para a construção de um ecossistema digital mais ético, justo e resiliente.

O termo "hacker" possui uma dupla aplicação na indústria de computadores hoje. Inicialmente, o termo foi definido como:

HACKER substantivo 1. Uma pessoa que aprecia aprender os detalhes dos sistemas de computadores e como estender suas capacidades, em oposição à maioria dos usuários de computadores, que preferem aprender apenas o mínimo necessário. 2. Aquele que programa entusiasticamente ou que gosta de programar em vez de apenas teorizar sobre programação. 1

Essa descrição elogiosa frequentemente era estendida à forma verbal "hackear", que era usada para descrever a criação rápida de um novo programa ou a realização de alterações em software existente, geralmente complicado.

À medida que os computadores se tornaram cada vez mais disponíveis nas universidades, as comunidades de usuários começaram a se estender além dos pesquisadores em engenharia ou ciência da computação para outros indivíduos que viam o computador como uma ferramenta curiosamente flexível. Quer programassem os computadores para jogar, desenhar, ou para ajudá-los nas tarefas mais mundanas do seu trabalho diário, uma vez que os computadores estavam disponíveis para uso, nunca faltaram pessoas querendo usá-los.

Devido a essa crescente popularidade dos computadores e seu custo ainda elevado, o acesso a eles geralmente era restrito. Quando negados ao acesso aos computadores, alguns usuários desafiavam os controles de acesso que haviam sido estabelecidos. Eles roubavam senhas ou números de conta ao observar por cima do ombro de alguém, exploravam o sistema em busca de falhas que pudessem contornar as regras, ou até mesmo assumiam o controle de todo o sistema. Eles faziam essas coisas para poder executar os programas de sua escolha ou simplesmente para alterar as limitações sob as quais seus programas estavam sendo executados.

Inicialmente, essas intrusões em computadores eram relativamente inofensivas, com o dano mais significativo sendo o roubo de tempo de computador. Em outras ocasiões, essas atividades recreativas resultavam na criação ou modificação de programas. Entretanto, à medida que as tecnologias avançavam e a interconexão de sistemas aumentava, algumas dessas atividades começaram a assumir uma natureza mais maliciosa.

Com o tempo, o termo "hacker" passou a ser associado não apenas a entusiastas e programadores ávidos, mas também àqueles que buscavam explorar sistemas para ganhos pessoais, invadindo a privacidade alheia ou causando danos significativos.

As motivações variavam, desde a simples busca por desafios até objetivos mais prejudiciais, como a disseminação de vírus ou a realização de ataques cibernéticos.

Esse dualismo na definição de "hacker" ainda persiste hoje, sendo necessário distinguir entre hackers éticos, que utilizam suas habilidades para fortalecer a segurança digital, e hackers maliciosos, que buscam explorar vulnerabilidades para propósitos prejudiciais. O campo da segurança cibernética continua a evoluir, com a ética e a legalidade sendo fundamentais para direcionar o uso dessas habilidades técnicas no mundo digital em constante mudança.

Nesse cenário, surgiram profissionais conhecidos como "hackers éticos" ou "chapéus brancos", que desempenham um papel fundamental na defesa contra ameaças cibernéticas. Os hackers éticos aplicam suas habilidades para identificar e corrigir vulnerabilidades em sistemas, redes e aplicativos. Ao contrário dos hackers maliciosos, seu objetivo é fortalecer a segurança digital, trabalhando em colaboração com organizações para proteger informações sensíveis e garantir a integridade dos sistemas.

A prática de hacking ético inclui testes de penetração, simulações de ataques e avaliações abrangentes de segurança. Os hackers éticos não apenas detectam falhas, mas também fornecem orientações para fortalecer as defesas e prevenir futuros ataques.

Essa abordagem proativa é essencial em um ambiente digital onde as ameaças estão em constante evolução.

A ética no hacking vai além das habilidades técnicas; envolve um compromisso com a legalidade, transparência e integridade. Os hackers éticos operam dentro de limites estritos, garantindo que suas atividades estejam alinhadas com normas éticas e não infrinjam a privacidade ou a segurança de terceiros.

No panorama atual da cibersegurança, onde ataques e violações são cada vez mais sofisticados, a presença dos hackers éticos é vital. Eles desempenham um papel crucial na construção de uma infraestrutura digital mais segura, protegendo dados sensíveis e promovendo uma cultura de segurança cibernética. A evolução dessa prática reflete a necessidade de equilibrar a inovação tecnológica com a responsabilidade ética, garantindo um ambiente digital confiável para todos.

No entanto, essas intrusões não permaneceram benignas por muito tempo. Ocasionalmente, os invasores menos habilidosos ou menos cuidadosos acabavam derrubando um sistema ou danificando seus arquivos acidentalmente, e os administradores do sistema precisavam reiniciá-lo ou fazer reparos. Em outras ocasiões, quando esses invasores eram novamente negados o acesso após a descoberta de suas atividades, reagiam com ações propositadamente destrutivas.

Quando o número dessas intrusões de computador destrutivas tornou-se perceptível, devido à visibilidade do sistema ou à extensão dos danos infligidos, isso se tornou "notícia" e os meios de comunicação pegaram a história. Em vez de usar o termo mais preciso de "criminoso de computador", a mídia começou a usar o termo "hacker" para descrever indivíduos que invadem computadores por diversão, vingança ou lucro. Uma vez que chamar alguém de "hacker" foi originalmente destinado como um elogio, profissionais de segurança de computadores preferem usar os termos "cracker" ou "intruso" para aqueles hackers que se voltam para o lado sombrio do hacking. Para maior clareza, utilizaremos os termos explícitos "hacker ético" e "hacker criminoso" pelo resto deste artigo.

O que é hacking ético?

Com o crescimento da Internet, a segurança de computadores tornou-se uma preocupação significativa para empresas e governos. Eles desejam aproveitar a Internet para comércio eletrônico, publicidade, distribuição e acesso à informação, entre outras atividades, mas estão preocupados com a possibilidade de serem "hackeados". Ao mesmo tempo, os potenciais clientes desses serviços estão preocupados em manter o controle de informações pessoais que variam desde números de cartões de crédito até números de seguro social e endereços residenciais.

Na busca por uma abordagem para lidar com o problema, as organizações perceberam que uma das melhores maneiras de avaliar a ameaça de intrusos aos seus interesses seria ter profissionais independentes de segurança de computadores tentando invadir seus sistemas de computadores. Esse esquema é semelhante a ter auditores independentes entrando em uma organização para verificar seus registros contábeis. No caso da segurança de computadores, essas "equipes de segurança" ou "hackers éticos" utilizariam as mesmas ferramentas e técnicas que os invasores, mas não danificariam os sistemas-alvo nem roubariam informações. Em vez disso, avaliariam a segurança dos sistemas-alvo e reportariam aos proprietários as vulnerabilidades encontradas e instruções sobre como corrigi-las.

O hacking ético, portanto, envolve uma abordagem proativa para identificar e corrigir potenciais vulnerabilidades nos sistemas de computadores. Os profissionais de hacking ético, também conhecidos como "hackers éticos", atuam de maneira independente para simular possíveis ataques, utilizando as mesmas técnicas que um invasor mal-intencionado poderia empregar. No entanto, a distinção crucial é que eles realizam essas atividades com a autorização e o conhecimento dos proprietários dos sistemas.

Esses hackers éticos não visam causar danos ou roubar informações; em vez disso, têm como objetivo ajudar as organizações a fortalecer suas defesas contra ameaças cibernéticas. Após suas avaliações, fornecem relatórios detalhados sobre as vulnerabilidades descobertas, oferecendo orientações sobre como remediar essas questões de segurança. Essa abordagem é fundamental para garantir que as organizações possam tomar medidas corretivas antes que um invasor real possa explorar essas vulnerabilidades.

O papel do hacker ético é essencial na construção de uma postura de segurança sólida. Com as constantes evoluções nas táticas de ataques cibernéticos, contar com profissionais dedicados a explorar e corrigir vulnerabilidades é uma estratégia vital para a proteção dos dados e sistemas críticos de uma organização. Dessa forma, o hacking ético desempenha um papel significativo na defesa contra ameaças digitais e na promoção de uma cultura de segurança cibernética.

Este método de avaliação da segurança de um sistema tem sido utilizado desde os primeiros dias dos computadores. Em um dos primeiros hacks éticos, a Força Aérea dos Estados Unidos conduziu uma "avaliação de segurança" nos sistemas operacionais Multics para "potencial uso como um sistema de dois níveis (secreto/muito secreto)".

Sua avaliação descobriu que, embora o Multics fosse "significativamente melhor do que outros sistemas convencionais", também apresentava "vulnerabilidades na segurança de hardware, segurança de software e segurança de procedimentos" que poderiam ser descobertas com "um esforço relativamente baixo". Os autores realizaram seus testes seguindo um guia de realismo, para que seus resultados representassem com precisão os tipos de acesso que um invasor poderia potencialmente alcançar. Realizaram testes simples de coleta de informações, assim como outros testes que eram ataques diretos ao sistema, podendo comprometer sua integridade. Claramente, seu público desejava conhecer ambos os resultados. Existem vários outros relatórios agora desclassificados que descrevem atividades de hacking ético dentro das forças armadas dos EUA.

Com o crescimento das redes de computadores e, especialmente, da Internet, estudos sobre vulnerabilidades de computadores e redes começaram a aparecer fora do ambiente militar. O trabalho de Farmer e Venema,8 notável entre esses estudos, foi originalmente postado na Usenet9 em dezembro de 1993. Eles discutiram publicamente, talvez pela primeira vez,10 a ideia de usar as técnicas do hacker para avaliar a segurança de um sistema. Com o objetivo de elevar o nível geral de segurança na Internet e em intranets, eles descreveram como conseguiram reunir informações suficientes sobre seus alvos para comprometer a segurança, se assim escolhessem.

Eles forneceram vários exemplos específicos de como essas informações poderiam ser coletadas e exploradas para obter controle sobre o alvo, além de como esse tipo de ataque poderia ser prevenido.

Farmer e Venema optaram por compartilhar livremente seu relatório na Internet para que todos pudessem ler e aprender com ele. No entanto, perceberam que os testes nos quais se tornaram tão proficientes poderiam ser muito complexos, demorados ou simplesmente entediantes para o administrador de sistema típico realizar regularmente. Por esse motivo, reuniram todas as ferramentas que haviam utilizado durante seu trabalho, empacotaram-nas em um aplicativo único e fácil de usar e disponibilizaram gratuitamente para quem escolhesse baixá-lo.11 Seu programa, chamado Security Analysis Tool for Auditing Networks, ou SATAN, recebeu grande atenção da mídia em todo o mundo. A maior parte dessa atenção inicial foi negativa, porque as capacidades do programa eram percebidas como ameaças à segurança, apesar de sua intenção de fortalecer as defesas cibernéticas. No entanto, Farmer e Venema defendiam a ideia de que entender as vulnerabilidades era crucial para proteger adequadamente os sistemas contra ataques reais.

As capacidades do SATAN foram mal compreendidas. A ferramenta não era um programa de hacker automatizado que invadiria sistemas e roubaria seus segredos.

Pelo contrário, a ferramenta realizava uma auditoria que identificava as vulnerabilidades de um sistema e fornecia conselhos sobre como eliminá-las. Assim como os bancos passam por auditorias regulares de suas contas e procedimentos, os sistemas de computadores também precisam de verificações regulares. O SATAN fornecia essa capacidade de auditoria, mas ia um passo além: também aconselhava o usuário sobre como corrigir os problemas que descobria. A ferramenta não informava ao usuário como a vulnerabilidade poderia ser explorada, porque não haveria utilidade prática em fazê-lo.

Apesar das intenções de Farmer e Venema de fortalecer as defesas cibernéticas, a atenção inicial ao SATAN foi predominantemente negativa, com preocupações sobre sua capacidade de expor possíveis vulnerabilidades. Entretanto, é crucial esclarecer que o SATAN não era uma ferramenta de invasão, mas sim uma ferramenta de avaliação e aprimoramento de segurança.

O SATAN abordou a necessidade vital de avaliar regularmente a segurança dos sistemas, algo comparável a auditorias financeiras regulares em instituições bancárias. Em vez de apenas identificar as vulnerabilidades, a ferramenta também oferecia orientações construtivas sobre como corrigir os problemas detectados. Essa abordagem não apenas destacou as fragilidades, mas também forneceu soluções para fortalecer a segurança.

A decisão de Farmer e Venema de compartilhar o SATAN de forma gratuita reflete o compromisso deles com o aumento geral do nível de segurança na Internet. A ideia era capacitar administradores de sistemas, mesmo aqueles com recursos limitados, a realizar verificações regulares em seus sistemas e corrigir possíveis vulnerabilidades. Isso contribuiu para uma cultura mais consciente e proativa em relação à segurança cibernética.

A controvérsia inicial em torno do SATAN destaca os desafios associados à introdução de ferramentas de hacking ético. No entanto, o tempo demonstrou que a abordagem de Farmer e Venema era visionária, destacando a importância de entender e corrigir vulnerabilidades para garantir ambientes digitais mais seguros. O SATAN desempenhou um papel pioneiro ao abrir caminho para a conscientização sobre segurança cibernética e incentivou a adoção de práticas de hacking ético em um esforço para proteger a integridade dos sistemas.

Quem são os hackers éticos?

Esses esforços iniciais fornecem bons exemplos de hackers éticos. Hackers éticos bem-sucedidos possuem uma variedade de habilidades. Em primeiro lugar, eles devem ser completamente confiáveis. Enquanto testam a segurança dos sistemas de um cliente, o hacker ético pode descobrir informações sobre o cliente que devem permanecer em segredo. Em muitos casos, essas informações, se divulgadas, poderiam levar a invasores reais a comprometer os sistemas, possivelmente resultando em perdas financeiras. Durante uma avaliação, o hacker ético frequentemente detém as "chaves da empresa" e, portanto, deve ser confiável para exercer um controle rigoroso sobre qualquer informação sobre um alvo que possa ser mal utilizada. A sensibilidade das informações coletadas durante uma avaliação exige que medidas rigorosas sejam tomadas para garantir a segurança dos sistemas utilizados pelos hackers éticos: laboratórios de acesso limitado com proteção de segurança física e paredes do chão ao teto, múltiplas conexões seguras com a Internet, um cofre para armazenar documentação em papel dos clientes, criptografia robusta para proteger resultados eletrônicos e redes isoladas para testes.

Hackers éticos geralmente têm habilidades muito fortes em programação e redes de computadores e têm experiência significativa na área de computação e redes.

Eles também são proficientes em instalar e manter sistemas que utilizam os sistemas operacionais mais populares (por exemplo, UNIX** ou Windows NT**) usados nos sistemas-alvo. Essas habilidades básicas são complementadas com conhecimentos detalhados do hardware e software fornecidos pelos fabricantes de hardware de computadores e redes mais populares. Vale ressaltar que uma especialização adicional em segurança nem sempre é necessária, pois habilidades sólidas em outras áreas implicam um entendimento muito bom de como a segurança em vários sistemas é mantida. Essas habilidades de gerenciamento de sistemas são necessárias para o teste real de vulnerabilidades, mas são igualmente importantes ao preparar o relatório para o cliente após o teste.

Finalmente, bons candidatos para o hacking ético têm mais determinação e paciência do que a maioria das pessoas. Ao contrário da forma como alguém invade um computador nos filmes, o trabalho que os hackers éticos realizam exige muito tempo e persistência. Isso é uma característica crítica, uma vez que hackers criminosos são conhecidos por serem extremamente pacientes e dispostos a monitorar sistemas por dias ou semanas enquanto aguardam uma oportunidade. Uma avaliação típica pode exigir vários dias de trabalho tedioso que é difícil de automatizar. Algumas partes das avaliações devem ser feitas fora do horário normal de trabalho para evitar interferências na produção em alvos "ao vivo" ou para simular o momento de um ataque real.

Quando encontram um sistema com o qual não estão familiarizados, hackers éticos dedicam tempo para aprender sobre o sistema e tentar encontrar suas vulnerabilidades. Por fim, manter-se atualizado com o mundo em constante mudança da segurança de computadores e redes requer educação e revisão contínuas.

Pode-se observar que as habilidades que descrevemos poderiam pertencer tanto a um hacker criminoso quanto a um hacker ético. Assim como em esportes ou guerra, o conhecimento das habilidades e técnicas do seu oponente é vital para o seu sucesso. No âmbito da segurança de computadores, a tarefa do hacker ético é a mais difícil. No crime tradicional, qualquer pessoa pode se tornar um furtador, um grafiteiro ou um assaltante. Seus alvos potenciais geralmente são fáceis de identificar e tendem a ser localizados. Os agentes locais de aplicação da lei precisam saber como os criminosos exercem seu ofício e como detê-los. Na internet, qualquer pessoa pode baixar ferramentas de hackers criminosos e usá-las para tentar invadir computadores em qualquer lugar do mundo. Hackers éticos precisam conhecer as técnicas dos hackers criminosos, como suas atividades podem ser detectadas e como detê-los.

Além disso, é importante destacar que, ao contrário dos hackers criminosos, os hackers éticos não buscam explorar vulnerabilidades para fins maliciosos.

Em vez disso, seu objetivo é aprimorar a segurança digital, identificando e corrigindo possíveis falhas antes que possam ser exploradas por indivíduos mal-intencionados.

No cenário de hacking ético, a ética desempenha um papel crucial. A confiança entre o hacker ético e o cliente é fundamental, pois o hacker tem acesso a informações sensíveis durante a avaliação. A integridade e a responsabilidade ética são valores essenciais que os hackers éticos devem manter, garantindo que a divulgação das vulnerabilidades seja feita de maneira responsável e que qualquer informação confidencial seja tratada com o devido cuidado.

Além das habilidades técnicas e ética, os hackers éticos também precisam de uma dose considerável de determinação e paciência. O trabalho de hacking ético envolve a realização de avaliações detalhadas e minuciosas, muitas vezes exigindo períodos prolongados de análise. A persistência é crucial, especialmente ao lidar com sistemas desconhecidos, onde é necessário dedicar tempo para entender a infraestrutura e descobrir possíveis pontos fracos.

Por fim, é importante reconhecer que o hacking ético é uma disciplina dinâmica que exige uma atualização constante. Com a rápida evolução das tecnologias de segurança e as novas ameaças cibernéticas que surgem regularmente, os hackers éticos precisam manter-se informados sobre as últimas tendências e técnicas no campo da segurança digital.

A aprendizagem contínua é essencial para garantir que eles estejam sempre à frente dos desafios emergentes e possam oferecer as melhores soluções de segurança para seus clientes.

Dadas essas qualificações, como encontrar tais indivíduos? Os melhores candidatos a hackers éticos geralmente têm pesquisas publicadas com sucesso ou lançaram software de segurança de código aberto popular. 12 A comunidade de segurança de computadores é fortemente auto-regulamentada, dada a importância de seu trabalho. A maioria dos hackers éticos, e muitos dos melhores especialistas em segurança de computadores e redes, não começaram focando nesses problemas. Muitos deles eram usuários de computador de várias disciplinas, como astronomia e física, matemática, ciência da computação, filosofia ou artes liberais, que levaram pessoalmente quando alguém interrompeu seu trabalho com um hack.

Uma regra que o esforço de hacking ético da IBM tinha desde o início era que não contratávamos ex-hackers. Embora alguns argumentem que apenas um "verdadeiro hacker" teria a habilidade de realmente fazer o trabalho, sentimos que o requisito de confiança absoluta eliminava tais candidatos.

Comparávamos a decisão à de contratar um chefe de bombeiros para um distrito escolar: embora um ex-incendiário talentoso possa realmente saber tudo sobre iniciar e apagar incêndios, os pais dos alunos se sentiriam confortáveis com tal escolha? Essa decisão foi ainda mais justificada quando o serviço foi inicialmente oferecido: os próprios clientes pediram que tal restrição fosse observada. Desde a formação do grupo de hacking ético da IBM, houve numerosos ex-hackers que se tornaram consultores de segurança e porta-vozes para a mídia. Embora possam ter se afastado do "lado negro", sempre haverá dúvidas.

O que os hackers éticos fazem?

A avaliação de um hacker ético da segurança de um sistema busca respostas para três perguntas básicas:

- O que um intruso pode ver nos sistemas-alvo?

- O que um intruso pode fazer com essas informações?

- Alguém no alvo percebe as tentativas ou sucessos do intruso?

Enquanto o primeiro e o segundo desses pontos são claramente importantes, o terceiro é ainda mais crucial: se os proprietários ou operadores dos sistemas-alvo não percebem quando alguém está tentando invadir, os intrusos podem, e irão, passar semanas ou meses tentando e geralmente acabarão tendo sucesso.

Quando o cliente solicita uma avaliação, há muita discussão e papelada que deve ser feita antecipadamente. A discussão começa com as respostas do cliente a perguntas semelhantes às feitas por Garfinkel e Spafford: 13

1. O que você está tentando proteger?

2. Contra o que você está tentando se proteger?

3. Quanto tempo, esforço e dinheiro você está disposto a gastar para obter uma proteção adequada?

Um número surpreendente de clientes tem dificuldade em responder precisamente à primeira pergunta: um centro médico pode dizer "nossas informações de pacientes", uma empresa de engenharia pode responder "nossos novos designs de produtos" e um varejista online pode responder "nosso banco de dados de clientes".

Todas essas respostas são insuficientes, pois descrevem os alvos de maneira geral. Geralmente, o cliente precisa ser orientado a descrever sucintamente todos os ativos de informações críticas para os quais a perda poderia afetar adversamente a organização ou seus clientes. Esses ativos também devem incluir fontes de informações secundárias, como nomes e endereços de funcionários (que são riscos de privacidade e segurança), informações de computadores e redes (que poderiam fornecer assistência a um intruso) e outras organizações com as quais essa organização colabora (que fornecem caminhos alternativos para os sistemas-alvo através de um parceiro possivelmente menos seguro).

Uma resposta completa para (2) especifica mais do que apenas a perda das coisas listadas na resposta para (1). Há também questões de disponibilidade do sistema, onde um ataque de negação de serviço poderia custar ao cliente receita real e perda de clientes porque os sistemas estavam indisponíveis. O mundo ficou bastante familiarizado com ataques de negação de serviço em fevereiro de 2000, quando ataques foram lançados contra o eBay**, Yahoo!**, E*TRADE**, CNN** e outros sites populares. Durante os ataques, os clientes não conseguiram acessar esses sites, resultando em perda de receita e "participação de mercado". As respostas para (1) devem conter mais do que apenas uma lista de ativos de informações na computação da organização.

O nível de dano à boa imagem de uma organização resultante de um hack criminoso bem-sucedido pode variar de apenas embaraçoso a uma séria ameaça à receita. Como exemplo de um hack que afetou a imagem de uma organização, em 17 de janeiro de 2000, um site da Biblioteca do Congresso dos EUA foi atacado. A tela inicial original é mostrada na Figura 1, enquanto a tela hackeada é mostrada na Figura 2. Como é frequentemente feito, o hacker criminoso deixou seu apelido, ou handle, perto do topo da página para garantir crédito pela invasão.

Figura 1 Página da Web da Biblioteca do Congresso antes do ataque

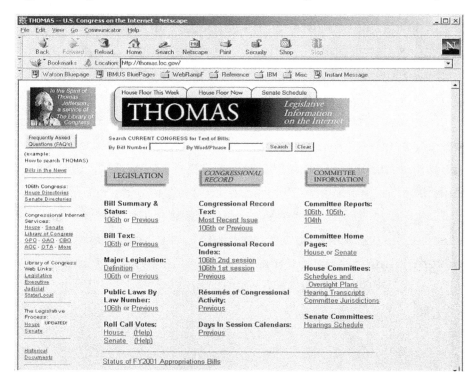

Alguns clientes têm a impressão equivocada de que seu site não seria alvo. Eles citam inúmeras razões, como "não tem nada de interessante nele" ou "hackers nunca ouviram falar da minha empresa". O que esses clientes não percebem é que todo site é um alvo. O objetivo de muitos hackers criminosos é simples: fazer algo espetacular e garantir que todos os seus amigos saibam que você fez. Outra refutação é que muitos hackers simplesmente não se importam com quem é sua empresa ou organização; eles invadem seu site porque podem. Por exemplo, administradores da web na UNICEF (Fundo das Nações Unidas para a Infância) poderiam muito bem ter pensado que nenhum hacker os atacaria. No entanto, em janeiro de 1998, sua página foi desfigurada, como mostrado nas Figuras 3 e 4. Muitos outros exemplos de páginas da web hackeadas podem ser encontrados em sites de arquivos na Web.14

As respostas à terceira pergunta são complicadas pelo fato de que os custos de segurança de computadores e redes vêm em três formas. Primeiro, existem os custos monetários reais incorridos ao obter consultoria de segurança, contratar pessoal e implantar hardware e software para atender às necessidades de segurança. Em segundo lugar, há o custo de usabilidade: quanto mais seguro um sistema é, mais difícil pode ser torná-lo fácil de usar.

A dificuldade pode se manifestar na forma de regras de seleção de senha obscuras, regras rigorosas de configuração do sistema e acesso remoto limitado.

Em terceiro lugar, há o custo de desempenho de computadores e redes. Quanto mais tempo um computador ou rede gasta com necessidades de segurança, como criptografia forte e detalhamento de registro de atividades do sistema, menos tempo ele tem para lidar com problemas do usuário.

Devido à Lei de Moore,15 isso pode ser menos preocupante para mainframes, desktops e laptops. No entanto, ainda permanece uma preocupação para a computação móvel.

Figura 2 Página da Web da Biblioteca do Congresso Hackeada

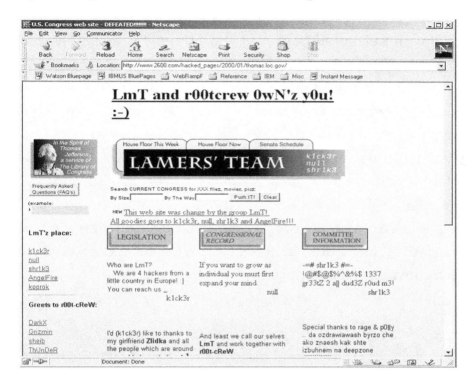

O passe livre da prisão"

Uma vez que as respostas a essas três perguntas foram determinadas, um plano de avaliação de segurança é elaborado, identificando os sistemas a serem testados, como eles devem ser testados e quaisquer limitações nesse teste.

Comumente conhecido como "passe livre da prisão", este é o acordo contratual entre o cliente e os hackers éticos, geralmente elaborado em conjunto por ambas as partes, é o "passe livre da prisão". Esse acordo também protege os hackers éticos contra processos legais, já que grande parte do que eles fazem durante uma avaliação seria ilegal na maioria dos países. O acordo fornece uma descrição precisa, geralmente na forma de endereços de rede ou números de telefone de modem, dos sistemas a serem avaliados. A precisão neste ponto é de extrema importância, pois um pequeno erro poderia levar à avaliação do sistema errado nas instalações do cliente ou, no pior caso, à avaliação do sistema de alguma outra organização.

Figura 3 Página da Web da UNICEF antes do ataque

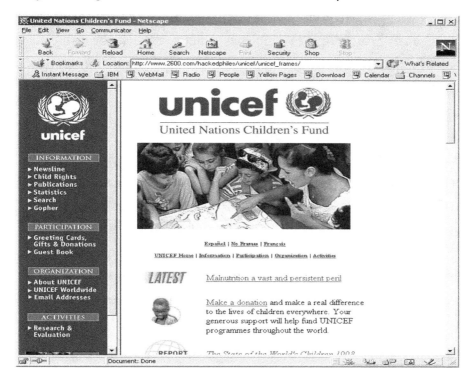

Uma vez que os sistemas-alvo são identificados, o acordo deve descrever como eles devem ser testados. A melhor avaliação é feita sob uma abordagem "sem restrições". Isso significa que o hacker ético pode tentar qualquer coisa que ele ou ela possa imaginar para tentar obter acesso ou interromper o sistema-alvo.

Embora isso seja o mais realista e útil, alguns clientes hesitam diante desse nível de teste.

Os clientes têm várias razões para isso, a mais comum das quais é que os sistemas-alvo estão "em produção" e interferir em sua operação pode ser prejudicial aos interesses da organização. No entanto, deve-se apontar a esses clientes que essas mesmas razões são precisamente por que uma abordagem "sem restrições" deve ser empregada. Um intruso não estará jogando pelas regras do cliente. Se os sistemas são tão importantes para o bem-estar da organização, eles devem ser testados da forma mais abrangente possível. Em ambos os casos, o cliente deve ser totalmente conscientizado dos riscos inerentes às avaliações de hackers éticos. Esses riscos incluem alerta da equipe e falhas não intencionais do sistema, degradação do desempenho da rede ou do sistema, negação de serviço e explosões no tamanho dos registros de log.

Figura 4 Página da Web da UNICEF Hackeada

Alguns clientes insistem que, assim que os hackers éticos ganharem acesso à sua rede ou a um de seus sistemas, a avaliação deve ser interrompida e o cliente notificado.

Esse tipo de decisão deve ser desencorajado, pois impede que o cliente aprenda tudo o que os hackers éticos podem descobrir sobre seus sistemas. Também pode levar o cliente a ter uma falsa sensação de segurança, pensando que o primeiro problema de segurança encontrado é o único presente. A avaliação deve ser permitida para continuar, pois onde há uma exposição, provavelmente existem outras.

O cronograma das avaliações também pode ser importante para o cliente. O cliente pode desejar evitar afetar sistemas e redes durante o horário regular de trabalho. Embora essa restrição não seja recomendada, ela reduz apenas um pouco a precisão da avaliação, uma vez que a maioria dos invasores realiza seu trabalho fora do horário regular de trabalho local. No entanto, os ataques feitos durante o horário regular de trabalho podem ser mais facilmente ocultos. Alertas de sistemas de detecção de intrusos podem até ser desativados ou menos cuidadosamente monitorados durante o dia. Independentemente do cronograma acordado, o cliente deve fornecer contatos dentro da organização que possam responder às chamadas dos hackers éticos se um sistema ou rede parecer ter sido adversamente afetado pela avaliação ou se uma vulnerabilidade extremamente perigosa for encontrada e deva ser corrigida imediatamente.

É comum que potenciais clientes adiem a avaliação de seus sistemas até algumas semanas ou dias antes de precisarem entrar em operação.

Tais avaliações de última hora têm pouco valor, pois a implementação de correções para problemas de segurança descobertos pode levar mais tempo do que está disponível e pode introduzir novos problemas no sistema.

Para que o cliente receba uma avaliação válida, ele deve ser alertado para limitar o conhecimento prévio do teste o máximo possível. Caso contrário, os hackers éticos podem encontrar o equivalente eletrônico dos funcionários do cliente correndo à sua frente, trancando portas e janelas. Limitando o número de pessoas na organização-alvo que sabem da avaliação iminente, aumenta-se a probabilidade de que a avaliação reflita a postura real de segurança da organização. Uma questão relacionada que o cliente deve estar preparado para abordar é a relação dos hackers éticos com os funcionários da organização-alvo. Os funcionários podem ver essa "inspeção surpresa" como uma ameaça aos seus empregos, então a equipe de gestão da organização deve estar preparada para tomar medidas para tranquilizá-los.

O próprio hack ético

Uma vez que o acordo contratual está em vigor, os testes podem começar conforme definido no acordo. Deve-se observar que os testes em si representam algum risco para o cliente, uma vez que um hacker criminoso monitorando as transmissões dos hackers éticos poderia obter as mesmas informações. Se os hackers éticos identificarem uma fraqueza na segurança do cliente, o hacker criminoso poderia potencialmente tentar explorar essa vulnerabilidade. Isso é especialmente preocupante, pois as atividades dos hackers éticos podem mascarar aquelas dos hackers criminosos. A melhor abordagem para esse dilema é manter vários endereços ao redor da Internet de onde as transmissões dos hackers éticos serão originadas e alternar os endereços de origem com frequência. Registros completos dos testes realizados pelos hackers éticos são sempre mantidos, tanto para o relatório final quanto no caso de algo incomum ocorrer. Em casos extremos, software adicional de monitoramento de intrusões pode ser implantado no alvo para garantir que todos os testes venham das máquinas dos hackers éticos. No entanto, isso é difícil de fazer sem alertar a equipe do cliente e pode exigir a cooperação do provedor de serviços de Internet do cliente.

A linha entre hacking criminoso e a escrita de vírus de computador está se tornando cada vez mais difusa.

Quando solicitado pelo cliente, o hacker ético pode realizar testes para determinar a vulnerabilidade do cliente a vetores de vírus por e-mail ou baseados na web. No entanto, é muito melhor para o cliente implantar software antivírus forte, mantê-lo atualizado e ter uma política clara e simples para a comunicação de incidentes. O Sistema Imunológico para o Ciberespaço da IBM é outra abordagem que fornece a capacidade adicional de reconhecer novos vírus e relatá-los a um laboratório central que analisa automaticamente o vírus e fornece uma vacina imediata.

Como dramatizado na Figura 5, existem vários tipos de testes. Qualquer combinação dos seguintes pode ser solicitada:

- **Rede remota:** Este teste simula o intruso lançando um ataque pela Internet. As defesas principais que devem ser derrotadas aqui são firewalls de fronteira, roteadores de filtragem e servidores da web.

- **Rede discada remota:** Este teste simula o intruso lançando um ataque contra os pools de modems do cliente. As defesas principais que devem ser derrotadas aqui são esquemas de autenticação de usuários. Esses tipos de testes devem ser coordenados com a empresa local de telefonia.

Figura 5 Diferentes formas de atacar a segurança de computadores

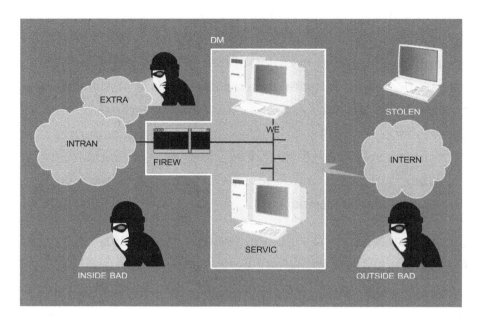

- **Rede local:** Este teste simula um funcionário ou outra pessoa autorizada que possui uma conexão legal com a rede da organização. As principais defesas que devem ser derrotadas aqui são firewalls da intranet, servidores web internos, medidas de segurança do servidor e sistemas de e-mail.

- **Notebook roubado:** Neste teste, o notebook de um funcionário-chave, como um gerente de nível superior ou estrategista, é entregue aos hackers éticos sem aviso prévio. Eles examinam o computador em busca de senhas armazenadas em software de discagem, ativos de informações corporativas, informações pessoais, etc.

Como muitos usuários ocupados armazenam suas senhas em suas máquinas, é comum os hackers éticos conseguirem usar esse notebook para discar na intranet corporativa com os privilégios completos do proprietário.

- **Engenharia social:** Este teste avalia a equipe da organização quanto à possibilidade de vazar informações para alguém. Um exemplo típico disso seria um intruso ligando para a linha de ajuda de computadores da organização e pedindo os números de telefone externos do pool de modems. Defender-se contra esse tipo de ataque é o mais difícil, pois envolve pessoas e personalidades. A maioria das pessoas é basicamente prestativa, então parece inofensivo dizer a alguém que parece estar perdido onde fica a sala de computadores, ou permitir que alguém entre no prédio que "esqueceu" sua credencial. A única defesa contra isso é aumentar a conscientização sobre segurança.

- **Entrada física:** Este teste simula uma penetração física no prédio da organização. Arranjos especiais devem ser feitos para isso, pois seguranças ou a polícia podem se envolver se os hackers éticos falharem em evitar a detecção. Uma vez dentro do prédio, é importante que o testador não seja detectado. Uma técnica é para o testador carregar um documento com o logotipo da empresa-alvo. Tal documento poderia ser encontrado revirando latas de lixo antes do hack ético ou pegando casualmente um documento de uma lixeira ou mesa uma vez que o testador está dentro.

As principais defesas aqui são uma política de segurança sólida, seguranças, controles e monitoramento de acesso, e conscientização sobre segurança.

Cada um desses tipos de testes pode ser realizado a partir de três perspectivas: como um total estranho, um "semi-estranho" ou um usuário válido.

- Um total estranho tem conhecimento muito limitado sobre os sistemas-alvo. A única informação utilizada está disponível por meio de fontes públicas na Internet. Este teste representa a ameaça mais comumente percebida. Um sistema bem defendido não deve permitir que esse tipo de invasor faça qualquer coisa.

- Um semi-estranho tem acesso limitado a um ou mais dos computadores ou redes da organização. Isso testa cenários como um banco permitindo que seus depositantes usem um software especial e um modem para acessar informações sobre suas contas. Um sistema bem defendido só deve permitir que esse tipo de invasor acesse as informações de sua própria conta.

- Um usuário válido tem acesso válido a pelo menos alguns dos computadores e redes da organização. Isso testa se os insiders com algum acesso podem estender esse acesso além do que foi prescrito. Um sistema bem defendido deve permitir que um insider acesse apenas as áreas e recursos atribuídos pelo administrador do sistema.

- A avaliação real dos sistemas do cliente avança por várias fases, como descrito anteriormente por Boulanger.

O Relatório Final

O relatório final é uma compilação de todas as descobertas feitas pelo hacker ético durante a avaliação. As vulnerabilidades encontradas são explicadas, e procedimentos de prevenção são especificados. Se as atividades do hacker ético foram notadas, a resposta da equipe do cliente é descrita, e sugestões de melhorias são oferecidas. Se testes de engenharia social expuseram problemas, conselhos são dados sobre como aumentar a conscientização. Este é o ponto principal de todo o exercício: não adianta apenas dizer aos clientes que eles têm problemas. O relatório deve incluir conselhos específicos sobre como fechar as vulnerabilidades e mantê-las fechadas. As técnicas reais empregadas pelos testadores nunca são reveladas. Isso ocorre porque a pessoa que entrega o relatório nunca pode ter certeza de quem terá acesso a esse relatório quando estiver nas mãos do cliente. Por exemplo, um funcionário pode querer experimentar algumas das técnicas por si mesmo. Ele pode optar por testar os sistemas da empresa, possivelmente incomodando os administradores do sistema ou até inadvertidamente escondendo um ataque real.

O funcionário também pode optar por testar os sistemas de outra organização, o que é um crime nos Estados Unidos quando feito sem permissão.

A entrega real do relatório também é uma questão delicada. Se foram encontradas vulnerabilidades, o relatório pode ser extremamente perigoso se cair nas mãos erradas. Um concorrente pode usá-lo para espionagem corporativa, um hacker pode usá-lo para invadir os computadores do cliente ou um brincalhão pode simplesmente postar o conteúdo do relatório na Web como uma piada. O relatório final geralmente é entregue diretamente a um executivo da organização cliente em formato impresso. Os hackers éticos teriam a responsabilidade contínua de garantir a segurança de qualquer informação que retenham; assim, na maioria dos casos, todas as informações relacionadas ao trabalho são destruídas no final do contrato.

Uma vez que o hack ético é concluído e o relatório entregue, o cliente pode perguntar: "Então, se eu corrigir essas coisas, terei uma segurança perfeita, certo?" Infelizmente, esse não é o caso. Pessoas operam os computadores e redes do cliente, e as pessoas cometem erros. Quanto mais tempo passar desde que o teste foi realizado, menos se pode dizer com confiabilidade sobre o estado da segurança do cliente. Uma parte do relatório final inclui recomendações para as etapas que o cliente deve continuar a seguir para reduzir o impacto desses erros no futuro.

Conclusões

A ideia de testar a segurança de um sistema tentando invadi-lo não é nova. Se uma montadora de automóveis está testando colisões de carros, ou um indivíduo está testando suas habilidades em artes marciais lutando com um parceiro, a avaliação por meio de testes sob ataque de um adversário real é amplamente aceita como prudente. No entanto, isso por si só não é suficiente. Como Roger Schell observou quase 30 anos atrás:

> "Do ponto de vista prático, o problema de segurança permanecerá enquanto os fabricantes permanecerem comprometidos com as arquiteturas de sistema atuais, produzidas sem um requisito firme de segurança. Enquanto houver suporte para correções ad hoc e pacotes de segurança para esses designs inadequados, e enquanto os resultados ilusórios das equipes de penetração forem aceitos como demonstrações de segurança do sistema de computador, a segurança adequada não será uma realidade."

**Auditoria regular, detecção de intrusões vigilante, boas práticas de administração de sistema e conscientização sobre segurança de computadores são partes essenciais dos esforços de segurança de uma organização. Uma única falha em qualquer uma dessas áreas pode expor uma organização a ciber-vandalismo, constrangimento, perda de receita ou participação de mercado, ou pior.

Qualquer nova tecnologia tem seus benefícios e seus riscos. Enquanto hackers éticos podem ajudar os clientes a entender melhor suas necessidades de segurança, cabe aos clientes manterem suas defesas em vigor.**

Agradecimentos

O autor gostaria de agradecer a várias pessoas: os membros do Laboratório de Análise Global de Segurança na IBM Research por compartilharem sua incrível expertise e habilidade de fazer com que praticamente qualquer pessoa entenda mais sobre segurança; Chip Coy e Nick Simicich por seu trabalho pioneiro na definição da Prática de Consultoria em Segurança da IBM no início; e Paul Karger por seu conhecimento enciclopédico em pesquisa de segurança de computadores e por sua incrível capacidade de produzir cópias de todos os artigos notáveis sobre o assunto que foram publicados.**

Referências e Notas Citadas:

1. E. S. Raymond, "The New Hacker's Dictionary", MIT Press, Cambridge, MA (1991).

2. S. Garfinkel, "Database Nation", O'Reilly & Associates, Cambridge, MA (2000).

3. A primeira utilização do termo "hackers éticos" parece ter sido numa entrevista com John Patrick, da IBM, por Gary Athens, publicada numa edição de junho de 1995 da ComputerWorld.

4. P. A. Karger e R. R. Schell, "Multics Security Evaluation: Vulnerability Analysis", ESD-TR-74-193, Vol. II, Headquarters Electronic Systems Division, Hanscom Air Force Base, MA (junho de 1974).

5. S. M. Goheen e R. S. Fiske, "OS/360 Computer Security Penetration Exercise", WP-4467, The MITRE Corporation, Bedford, MA (16 de outubro de 1972).

6. R. P. Abbott, J. S. Chen, J. E. Donnelly, W. L. Konigsford e S. T. Tokubo, "Security Analysis and Enhancements of Computer Operating Systems", NBSIR 76-1041, National Bureau of Standards, Washington, DC (abril de 1976).

7. W. M. Inglis, "Security Problems in the WWMCCS GCOS System", Joint Technical Support Activity Operating System Technical Bulletin 730S-12, Defense Communications Agency (2 de agosto de 1973).

8. D. Farmer e W. Z. Venema, "Improving the Security of Your Site by Breaking into It," originalmente publicado na Usenet (dezembro de 1993); desde então, foi atualizado e está disponível   em ftp://ftp.porcupine.org/pub/security/index.html#documents.

9. Veja http://www.faqs.org/usenet/.

10. Quem realmente pode determinar quem disse algo primeiro na Internet?

11. Veja http://www.cs.ruu.nl/cert-uu/satan.html.

12. Essa estratégia é baseada no ideal de elevar a segurança de toda a Internet fornecendo software de segurança gratuitamente. Assim, ninguém terá desculpas para não tomar medidas para melhorar a segurança.

13. S. Garfinkel e E. Spafford, "Practical Unix Security," Primeira Edição, O'Reilly & Associates, Cambridge, MA (1996).

14. Para uma coleção de sites da Web anteriormente hackeados, veja http://www.2600.com/hacked_pages/ ou http://defaced.alldes.de. No entanto, esteja avisado de que algumas das páginas hackeadas podem conter imagens pornográficas.

15. Em 1965, o cofundador da Intel, Gordon Moore, estava preparando um discurso e fez uma observação memorável. Quando começou a graficar dados sobre o crescimento no desempenho dos chips de memória, percebeu uma tendência impressionante. Cada novo chip continha aproximadamente o dobro de capacidade do seu antecessor, e cada chip era lançado aproximadamente a cada 18 a 24 meses do chip anterior. Nos anos subsequentes, o ritmo diminuiu um pouco, mas a densidade de dados duplicou aproximadamente a cada 18 meses, e esta é a definição atual da Lei de Moore.

16. J. O. Kephart, G. B. Sorkin, D. M. Chess e S. R. White, "Fighting Computer Viruses," Scientific American 277, Nº 5, 88–93 (novembro de 1997).

17. Veja http://www.research.ibm.com/antivirus/SciPapers.htm para papers adicionais de pesquisa antivírus.

18. A. Boulanger, "Catapults and Grappling Hooks: The Tools and Techniques of Information Warfare," IBM Systems Journal 37, Nº 1, 106–114 (1998).

19. R. R. Schell, P. J. Downey e G. J. Popek, "Preliminary Notes on the Design of Secure Military Computer Systems," MCI-73-1, ESD/AFSC, Hanscom Air Force Base, Bedford, MA (janeiro de 1973).

Aceito para publicação em 13 de abril de 2001.

*Charles C. Palmer Divisão de Pesquisa da IBM, Thomas J. Watson Research Center, P.O. Box 218, Yorktown Heights, Nova York 10598 (e-mail eletrônico: ccpalmer@us.ibm.com). Dr. Palmer gerencia o departamento de Segurança de Rede e Criptografia no IBM Thomas J. Watson Research Center. Suas equipes trabalham nas áreas de pesquisa em criptografia, tecnologias de segurança na Internet, segurança JavaTM, privacidade e no Global Security Analysis Lab (GSAL), que ele co-fundou em 1995. Como parte do GSAL, o Dr. Palmer trabalhou com a IBM Global Services para iniciar a prática de hacking ético da IBM. Ele frequentemente fala sobre os temas de segurança de computadores e redes em conferências ao redor do mundo

. Ele também foi professor adjunto de ciência da computação na Polytechnic University, Hawthorne, Nova York, de 1993 a 1997. Ele possui quatro patentes e tem várias publicações de seu trabalho na IBM e na Polytechnic.*

Hacking Etico para Iniciantes - 1 Edição

Edição, Tradução e adaptação: Georgenes Medeiros

Escritor: CC Palmer

Direitos autorais © 2024